Wanyama

Buibui
Spider

Bundi
Owl

Chui
Leopard

Chura
Frog

Fahali
Bull

Farasi
Horse

Fisi
Hyena

Kaa
Crab

Kamba
Lobster

Kiboko
Hippopotamus

Kifaru
Rhino

Kima, tumbili
Monkey

Kinyonga
Chameleon

Kipepeo
Butterfly

Kobe
Tortoise

Kondoo Dume
Ram

Kondoo
Sheep

Kuchakuro
Squirrel

Kuku
Chicken

Kulungu
Deer

Kunguni
Bedbug

Kunguru
Crow

Mamba
Crocodile

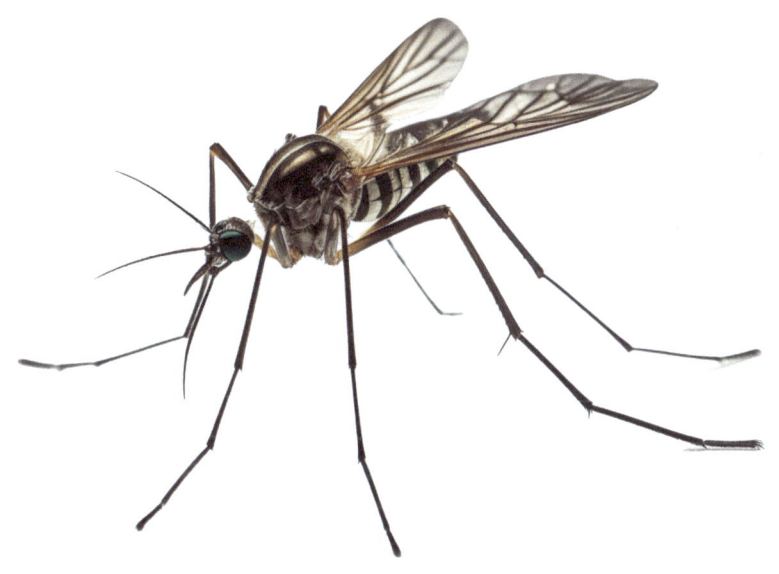

Mbu
Mosquito

Mbuni
Ostrich

Mbuzi
Goat

Mbwa
Dog

Mbweha
Fox

Mchwa
Ant

Mende
Cockroach

Mjusi
Lizard

Ndege
Bird

Ngamia
Camel

Ng'ombe
Cow

Nguruwe
Pig

Njiwa
Pigeon

Nyangumi
Whale

Nyoka
Snake

Nyuki
Bee

Nzige
Locust

Paka
Cat

Panya
Rat

Pomboo
Dolphin

Popo
Bat

Punda
Donkey

Punda Milia
Zebra

Samaki
Fish

Simba
Lion

Sungura
Rabbit

Tai
Eagle

Tausi
Peacock

Tembo
Elephant

Twiga
Giraffe

www.ingramcontent.com/pod-product-compliance
Lightning Source LLC
Chambersburg PA
CBHW041722070526
44585CB00001B/13